나는 아직도 어설픈 동거인이다

서울대로 어문을 중시하다

빛남시선 156
나는 아직도 어설픈 동거인이다

정혜국 4 시집

빛남출판사

• 시인의 말

제4집에 즈음하여

이번에 시집 제목으로 낸
'나는 아직도 어설픈 동거인이다'라는 것은
시작詩作을 한 지 많은 시간이 흘렀지만
아직도 부족하다는
시적詩的 의미의 복합체이다.

그동안 문학지 등에 발표 되었던
소중한 나의 무대가 되어 준 이야기들
제제나 몇몇 내용들이
시간의 흐름을 타지 못한 것들이 있다는 것을
알려 드린다.
그동안 출판하지 못한 여러 가지 사유들 중
가장 큰 것은
믿고 의지하던 친정 어머님이
투병 끝에 돌아가셨기 때문이다

생동하는 날이어서 좋고
이름 모를 들꽃이 좋고
하늘 부르는 가을
찬 기운을 뚫고 나온 동백과 매화가 있어
고결한 날들
그곳이 무대라는 것을

정혜국

시인의 말 • 4

1부

봄의 고백론 • 13
그리움 • 14
나는 아직도 어설픈 동거인이다 • 15
난타 거리, 패션 시장 • 16
봄, 봄빛 • 17
마음 출가 • 18
세시풍속 • 19
내 안의 나 • 20
몽당연필 • 21
찔레지기 • 22
날마다 달빛 • 23
카나페 • 24
면접 – 블루칼라의 첫 인력거 • 25
기장 팔경機張八景– 1경, 달음산達陰山 • 26
기장 2경 –죽도竹島에서 • 27
기장 3경 –일광해수욕장日光海水浴場 • 28
기장 4경 –장안사 계곡長安寺 溪谷 • 29
기장 5경 –홍연폭포虹淵瀑布 열애 중 • 30
기장 6경 –소학대巢鶴臺에 핀 등꽃 • 32
기장 7경 –시랑대侍郎臺 표본을 펴오다 • 33
기장 8경 –비상도시, 임랑해수욕장林浪海水浴場 • 34

2부

낙관을 찍다 – 해운대에서 • 37
人文과 외도를 하다 • 38
탑이 내게로 • 40
생명의 혹, 딸기 • 41
시이소를 타다 – 죽전에서 • 42
줌과 사유하다 • 43
선거 네트 • 44
소꿉동무 • 45
시디엠에이CDMA • 46
24 풍경 • 48
펌프가 울었다 • 49
시월은 • 50
절정 • 51
보리암에서 • 52
욕망의 도시 2 – 재개발현장에서 • 53
육쪽의 귓속말이 되어 • 54
결혼전야 • 56
비벌즈 언덕 • 58
겨울 끝자락에서 • 59
국경의 언어 • 60
나의 에코 • 62

3부

3월의 고드름 • 65

와우산 봄빛에 젖다 • 66

섶의 노래 • 67

반쪽이 • 68

오대산을 가다 • 69

족보 • 70

날마다 월세 • 71

해면海面의 네트워크 • 72

샛길이 되어 • 73

죽도시장의 푸른 눈 • 74

추억 콜라보 • 75

감국甘菊 웨딩 • 76

포구 • 78

배꼽식탁, 벌떼들의 전쟁 • 79

등대 백의호 • 80

봄을 서리하는 여자들 • 82

행복 맵map • 83

소나무가 있는 겨울 창가에 • 84

파도 독백을 듣다 • 85

60y 열정 • 86

굴레 • 87

화원花園의 무게 21y • 88

물푸레나무 • 89

4부

봄 바다	• 93
가을, 쓸쓸함이	• 94
둥지새가 되다	• 96
오일장의 그림상자	• 98
수영역 환승역에서 1	• 99
곤돌라 크루즈호를 타고-포항에서	• 100
우정은 회귀선을 타고	• 102
물파스	• 103
빌딩 숲 흑백사진	• 104
흙의 꽃	• 105
7월의 폭설	• 106
푸아그라	• 107
팔삭둥이	• 108
킬링타임	• 109
고립의 풍요	• 110
오후를 재단하다	• 111
낙엽, 가을목에서	• 112
할미꽃 애마	• 113
관계의 중요성	• 114
불두화	• 115
거울 뉴런	• 116

마음의 글 / 문학 공간, 문학과 단추 • 121

1부

봄의 고백론

옅은 잠을 수락하는 이 벅찬 옹알이
눈꼽 띠의 몸부림이라고

작은 입술 시린 잇속의
눈물, 살며시 터져 나온다
한 줌 온기를 느끼며
침샘이 녹아내리는
분홍빛 천국
돌벽 사이마다 꽂힌 절개
만지작만지작
빈 포장지 면사포를 쓴다

그리움

찔끔찔끔 흘러내리는
이 물질은 무엇인가요
만져지지도 않고 보이지도 않는
육여六如,
살그머니 등을 치다가
바람 불어오면
손등에 아린 그늘로
다가오는 그림자
멍하니 생각에 잠기어
문득 떠오르는 또렷한 얼굴
진한 화장기로
울음 펑펑 쏟아
감정을 흔들어놓고
아무도 몰래 빠져나가는
그 이유,
영원히 사라지지 않는
비물질
이 답답한 영혼을

나는 아직도 어설픈 동거인이다

한 사발의 폭염을
여름 내내 끌어안고 살았다
늦잠이 틀을 깨고 나온다
장롱이 들썩인다
널부러진 치맛자락
산달이 가까워질수록
색깔이 나타나고
이목구비가 뚜렷해지면서
형체가 생긴다
생동하는 날이어서 좋고
이름 모를 들꽃이 좋고
하늘 부르는 가을
찬 기운을 뚫고 나온 동백과 매화가 있어
고결한 날들
그곳이 무대라는 것을
계절은 증명한다

난타 거리, 패션 시장

네온의 빛을 잊고
손잡고 맹세하던 신혼을 잊은
동대문시장 사람들

콘티를 짜는
베오개장 1번지 점 하나 끌고 다닌다

풀려난 곡기 눈먼 허기
짜투리 원단들을 긁어모으고
혼잣말은 새벽을 진단한다

손가락이 없어진 장갑은
지문을 드러내고
손때 낀 지팡이 밤시장을 타진하며
계단을 오르고 있다

봄, 봄빛

늘어진 길목엔
이미 사슴들이 내려와
밤을 고하여 몇 마디 남겨 놓은 이별의 흔적이 있고
파닥파닥 둘레를 치고 있는
햇살, 그 충만함이여

아직도 보내지 않았다고 울부짖는
능성의 고독
하얀 밤이 그리울 때면
알몸이 되어 흥정을 한다
봄날의 밀땅
연둣빛 사랑을

마음 출가

더러는 서럽고
더러는 괴롭고
더러는 아프고
더러는 슬프고

어제는 집이 있었고
행복이 있었고
희망도 있었다

그리고 모든 것을 놓아버렸다

세시풍속

때 묻은 방 한 칸이 타오르고 있다
해마다 같은 이름
고사리 손목 불을 붙인다

모래시장 두꺼비집
호롱불 줄줄이 놓는다
달집 불에 타고 있다
구석진 곳간 굳은 속바지
간지마다 적은 고백
이름마다 불을 놓는다

함성은 하나
때 묵은 이야기들
길게 이어진 띠들 끝없이 늘어놓는다
행복과 사랑이 묶은 띠 다발
옥쇠도 구리도
견공犬公의 소원도
띠를 두르고

내 안의 나

반쪽의 모자를 쓰고 삽니다
어설픈 토크가 시작됩니다
맑은 날과 흐린 날의 평행선
게이트에 도착했습니다
분홍치마를 입고 테이블에 나섭니다
보조개를 달고
특유한 양질의 냄새를 맡습니다
완전하지 않아 완전한 그림
흑黑점과 백白점입니다
한 치 모자라 동거를 합니다
포물선이 되어
새로운 협상으로 나서고
한 얼굴이 두 얼굴로 포개집니다
밖을 서성이다가
부딪히기도 깨지기도 합니다
웃다가 울면서 서로를 동정합니다
거울 속의 나를
어루만지고 있습니다

몽당연필

맨드라미 뉘인 행선목
고향길 바람만이 횡하다

삼각산 홀어미 산을 타고

가을받이 한시름
돌아온 작은 서방의 발길만
무겁구나

접힌 언어 폭
굽은 선산, 열두 폭 짊어지고
열한 폭 잘라내니
굽어 안타깝다

찔레지기

두렁마다 짚주저리 찔레지기 되어
찔레나무 가시로 피어나다

그리움을 배달하는 우편배달부
논둑마다 다른 잎새
이 집 저 집 넘나든다
주저리주저리 열린 담소
시냇물을 퍼내고
좁은 골목길
한 폭 두 폭 이은 치맛자락
손때 묻은 사연들
찔레나무로 서다

날마다 달빛

하도 깊어
손안 가득히 담아보지만

여울진 마음 가득하여라

비워야 할 마음 버리지 못하니

날마다 달빛
하도 깊어

비스듬히 담벽에 걸친 너
날마다 그 자리

아무 말도 없이
새벽녘에야 달아나는 그림자

뭇매 맞은 자국만이 횅하다

카나페

국적 없는 향들이 흘러나온다
저울질을 한다
중학교 2학년의 속앓이
얇고 잘게 썬다
한쪽의 반쪽이 된다
어항 속의 물고기
왼쪽 맨 구석에 앉았다
먹물을 꺼내고 갖가지 양념으로
모양을 잡는다
속 재료를 넣는다
뱃살이 튀어나왔다
떨어져 나온 살을 잘라내고
원하는 모양을 만든다
떨리던 손이
제자리로 돌아왔다
굳은 하루가 떨어져 나가고
있었다

면접
– 블루칼라의 첫 인력거

마주 보고 앉은 얼굴
식은땀이 흐른다
낯설지는 않는데
왠지 낯설어 보이는 얼굴
어제 본 오토바이가 헬멧을 벗는다
신문 배달하던 자전거도 도착한다
한 손이 두 손인 블루칼라
들킨 속마음이 허기인 줄 몰랐다
접대가 끝나고
엘레베이터를 타고 내려올 때
야릇한 기분
스쳐 가는 구속을 보았다

기장 팔경機張八景
– 1경, 달음산達陰山

동해의 푸른 별, 눈(目)들이 쏟아진다

달빛을 거슬러 산심에 걸린

정기精氣, 물길 퍼 나르는

민심은 애달파

봉우리마다 굽어 담으시고

한아름 마을 생기었다

출렁대는 바다

맥문이 깃든 새들의 보금자리

침엽수 오백팔십칠 계단

천수로 세상을 깨우면

길 위로 오르는 길

검푸른 수목 하늘 향해 이끈 민심

면面과 면面들을 이은

저만의 태동이여

기장 2경
― 죽도竹島에서

천년의 약속
외로운 섬
손가락 마디마다 굳어진 죽순
바람결에 떨고

사랑을 논하던, 첫사랑은 절뚝거리며
임 찾아 물결을 파고든다
논객은 어디 가고
문화의 폭설, 그 향마저 잃었으니
온몸으로 떠는 댓잎
가녀린 몸빛 애처로워
백년에 또 머물다

기장 3경
- 일광해수욕장 日光海水浴場

해운이 품은 삼성대 정情 한 편을 낚는다

'서로의 뜻 합치지 못하니
말은 달리고 말은 더디고…' 붉힌 마음
오색깃발 나부끼며
갯마을 축제 금빛 시장을 연다
'순이'의 갯가를 파헤치는
초롱거리 횟거리 야경거리 문화거리
담론의 장, 전국을 순회하다

기장 4경
― 장안사 계곡長安寺 溪谷

꼭 다문 분홍 입술
불광산 산방의 구연초
타면 활활 타지, 타면 훨훨 타지

계곡마다 골짜기마다
짖어대는 불협화음
홍매는 아직인데 햇살 몇 조각으로
피멍보다 더 진한 단풍
장안사 천년고찰千年古刹
순찰 중이구나

기장 5경
– 홍연폭포虹淵瀑布 열애 중

옷을 껴입고 옷을 벗고
온통 떼들로 잔가지는 분해되고
홑몸으로 진동한다
내 것은 홀로 남아
네 것으로 변장한다
함성은 물보라 되어
찬란함을 엮으며 노래한다
진물이 흐른다
뿌연 안개 함몰된 몽환
구슬로 떨어지고
견우직녀 오작교에서
이룬 하룻밤의 꿈
거문산 품속 그리워 옥녀봉을 껴안은
사랑, 이별은 한이 되어
오가는 이 불러들이다

물보라 빛 일곱 빛깔 무지개
공중을 난

공중에 떨고 있는
선녀 홍연은 열애 중인가 보다

기장 6경
- 소학대巢鶴臺에 핀 등꽃

망월산 저어가는 백여 척의 돛

바람에 흐느끼니
야사野史 깊어만 간다

신선이 남긴 석등, 소리 없이 타올라

은은하게 들리는 선여사仙餘寺 종소리

연사모종煙寺暮鐘, 세월이 익을수록
갑옷 문향 짙어진다

문맥마다 꽃등살 하늘 높아
울음 치솟으니

어찌할꼬,

곡선의 향기 울려 퍼지다

기장 7경
- 시랑대 侍郞臺 표본을 떠오다

조갯살 부서지는 소리
비오리의 목소리 가냘프다

날지 못한 원앙대의 시랑대侍郞臺
잃은 사랑 끝없이 서성거리고

물결에 떠도는 스님과 용녀의 사랑
굳어진 바위 시구詩句를 품었으니

기암괴석 첩첩이 둘러쳐진 병풍
제용단祭龍壇 풍어제 하얀 파도 뱃길 비추다

지나가는 바람 한 점 치마폭을 붙들면
새벽길 호위병, 조선의 경전(1733, 영조 9년)
으로 서서

곡절 숨은 구들장을 찾고만 있어
문학도, 애타는 손목만 젓고 있구나

기장 8경
– 비상도시, 임랑해수욕장林浪海水浴場

익은 작은 고추들이 자리 깔고 누웠다
은빛 노송들은 그림자로 수다를 떨고
이쪽에서 저쪽으로
저쪽에서 이쪽으로 온 뱃사공
노끈은 간곳없이 길 찾는 이정표가 된다

꽹과리 노랫소리 들리는 볏짚
여덟 칸의 초가집
급행열차는 멈추어 서서
임랑천에 천렵川獵하여 동산 위에 뜬
유년의 시간, 임을랑포
소나무 숲과 달밤의 윤슬은
작은 조각배 뱃줄 놓아 탑승하고
계절을 흔드는 기氣들의 행진
철의 에너지, 찻잔의 에너지
역사의 장場이 되어
천고의 문화 향기는 비상한다

2부

낙관을 찍다
- 해운대에서

햇살이 미끄러진다
묵념을 일삼는 고승
바다가 한눈에 보이는데 어찌 산으로 가라
하느냐고
대마도가 쫓아온다 톳날이 서다
담쟁이덩굴처럼 엉키어
서로를 못 알아보며
우리 것 아니냐고
가시나무가 바다를 훑는다
삼포*에 머무는 고승
장산국 낫가리에 도적이 든다면서
글로 훔치자니 아직도 끼를 키우지 못했다고
그쪽은 내 몫이 아닌가 하였네라고,
호텔 안으로 들어온 손님들
미처 숨기지 못한 이름들로 분주하다
손 가득, 떠온 달
소나기라도 내렸으면

*해운대의 미포 · 구덕포 · 청사포

人文과 외도를 하다

밸리의 감성호텔 단식투쟁 중입니다
목젖은 흘러내리고
희열이라는 죄목으로 검역소에 와 있습니다
A 호텔에 도착했습니다
새장 속에 갇힌 점들을 하나씩 이어갑니다
내 안에 든 그를 손님이라고
그녀는 up 시켜놓았습니다
지배인이 정중하게 다가옵니다
허전한 배를 움켜쥐고
냉장고 앞으로 나섭니다
시원한 맥주 한 캔을 꺼냅니다
평소 습관 때문에
얼른 캔 두껑을 열지 못했습니다
습관은 중요합니다
오랜만에 찾아온 친구
머리에서부터 천천히 지압을 합니다
얼굴로 내려옵니다
가슴에 박힌 그를 꺼내려고 하면
꽤 많은 에너지가 필요합니다

배꼽에서 걸렸습니다
재빠른 그녀의 손놀림이 시작됩니다
형형색색의 삽화
이미 그녀의 노예가 되었습니다

탑이 내게로

길이도 무게도 없는 그곳에 갑니다
탑을 오르고 있습니다

동해의 푸른 눈
한가지 소원을 품고 있습니다
태초 생명은 바다로 시작되었으니

산과 물의 조화
호연지기浩然之氣로이다
출렁대는 물결 한반도 동남쪽
불도들이 모여든다

트래비 분수대 발길은 멈추어 서고
동전 몇 닢은 질서를 유혹한다

한 뼘 넘어
두 뼘 자라고 있는
천혜의 눈과 지혜
그 탑을 오르고 있습니다

생명의 혹, 딸기

 인형술, 혹들이 앉아 있는 G마트 점박이들이 겨울잠을 벗어난다 또 그런 자신을 포박하는 긴 밤의 야무진 꿈, 이랑 없는 넝쿨 몸을 푼 날의 기억 속으로 회전한다 혓바닥을 붉게 물들이는 오후, 입질은 찬 물길 속으로 들어간다 종들의 변이가 시작된다 점박이들의 골곡진 삶, 점액질 쏟아 낸다 시장은 온통 돌개바람으로 여덟 번째 서열로 계절을 순환하고 사람들은 잉태의 첫날을 유혹하다

시이소를 타다
– 죽전에서

낭만이 모여든다
한 접시 오만 원을
반 접시 삼만 원을

짧은 새벽, 천막 사이로 들어온다
등짐 가득 풀어놓은
바다 식품들
청춘들은 햇살을 밀치고
뛰어든다
그때도 그랬지
한 접시가 살아나고

얇은 받침대 사이에 앉은
살갗들, 품었던 향을 풀어놓는다
멍게 · 새끼 전복 · 해삼
가지런히 눈길 마주하며
하루를 전달한다
향들이 술렁댄다

줌과 사유하다

또 다른 이름은 '줌'이다
줌은 선을 관리하고 숲을 관리한다
휴일에는 늦잠이 웬수, 웬수를 깨운다
불침을 놓으며 시간을 깨운다
복잡한 날에는 쉬라고 또 깨운다
흐트러져 있을 때
짓눌린 적도 없이
세상과 노는 방법을 가르쳐 준다
노는 시간도 가르쳐 준다
손주 녀석도 포함된다
아침 5시 세계와의 조화에 동참하는 그녀
하지만 그보다 1시간 또는 30분
먼저 일어나는 나,
줌, 내 편 편향이 좀 짙은 것 같다
절대 영역의 침입
하지만 1분 전의 사유는
내 생활의 전부라는 것을
알고 있지

선거 네트

동네마다 앉아 있는 입담
재치가 채치국을 먹고
비틀거린다
앉은 이 없는데 앉아 있는
복잡한 사거리
중심 없는 저울질에
오른손 왼손 종일
바쁘게 돌아다니다가
꼬리 잘린
입소문에 시달린다
꽈배기가 된 한끼
황홀함에 빠지다

소꿉동무

아무 말 없이 떠난
빈손이지만
슬픔을 밀어내는 변주곡이 된다

아무 말 하지 못하여
아무 말 듣지 못했지만

새벽길 환하여
우수수
시험대에 오른
첫사랑이 된다

쪽-밤 그리워
바람 가두고
발길 가두고 선
가시지 않는
내 작은 사랑아

시디엠에이 CDMA *

알지 못하는 곳까지 알려준다
크기를 알 수 없는 몸
하나의 획이 두 개의 획이 된다
당기면 당길수록 선은 늘어나고
헤엄치는 법을 가르쳐 준다
몸 구석구석 돌고 있는 혈액
수풀과 수풀 사이
행동 하나하나에 민감하다
네 입이 내 입이고
내 몸이 네 몸이다
몇 년을 앓다가 온 것
오래된 것일수록 좋다
정확성과 신뢰성을 겸비한 너
남녀노소를 가리지 않고
빈부의 격차도 없이 다가온다
배신은 없다
몇 년을 앓아 온 나의
오래된 친구
가끔은 절교를 꿈꾸기도 하지만

끈끈한 혈액으로 맺은
첫사랑이다

*휴대폰 신호 접속 장치 CDMA

24 풍경

태동이 멈추어 선 도로변
임대,
임대 큰 키를 부르고 있다
옷깃마다 앓는 소리
정장 차림으로 분별없이 부른다
병원 앞 건널목을 돌아나오면
한 평 갤러리
꼬리 없는 붕어 뚝뚝 잘리고 있다
벽면 귀퉁이 네 귀의 문풍지
바람소리 민감하여
퇴근길 붕어빵, 붕어를 낚는
꼬리 없는 붕어가 되어
꿈틀꿈틀
한 평 가량의 쪽방
바람결에 휩쓸리고 있다

펌프가 울었다

 엘리베이터는 입술을 닫은 채 말이 없고 계단으로 내려가는 발자국 소리 짧은 숨을 몰아쉰다 무게에 짓눌린 표정들 119는 암벽을 오르다가 물속으로 떨어지고 사거리에 비상이 걸렸다 비상 신호가 켜지고 신호등은 하늘에 떠 다닌다 탯줄이 끊어지고 입구를 찾아 헤매는 임산부, 마침내 붉은 핏물을 쏟아 낸다 입술이 찢어진 농장의 작은 펌프 붉은 물을 꿀꺽꿀꺽 들이마시고는 임산부와 타협한다 새벽에야 발을 뻗었다

시월은

청춘이 남긴 말
젊음이 남긴 말
잊지 않으리라

시월에만 피는 꽃
할로윈이 남긴 말을 잊지 않으리라

시월, 이미 타올라
손가락 마디마디 불이 옮겨붙고
불꽃은 사방에 흩날리어
푸름을 자랑한다

시월은 꽃잎이 되어 거룩하게 타오른다
꽃술 타고 젖어든다

매듭진 향기
아린 그날
잊지 않으리라
우러러 잊지 않으리라

절정

, 사랑하였으니
옅은 눈동자
노상의 군락은
은둔한 채
채취마저 여리다
동중의 동백은
이미 물들고
미포의 잔물결
내 반란은 온밤을 새우고도 모자라
단세포 숨어든 곡절
캐낼 수 없는
그 꾸지람에
밤은 깊어만 가다

보리암에서

계단을 오른다
보지 못했던 눈(目)의 세계
중턱에 선 신세계
호연浩然하다

무딘 발걸음 바위를 첨삭한다
쉬지 않고 오르는
바닷물 소리

작은 포말은 한없이 파고들고
이른 아침은
늦은 계단길을 재촉한다
소리 없는 땀방울,
법당에 고여

욕망의 도시 2
- 재개발현장에서

어느 고촌을 쓸어 담는
만연된 공기가 버벅거리더니
산란기를 지나고 있다
젊음과 용기
희망과 절규
태양은 저무는 가을을 앞지른다
짙은 점액의 무게를 뽑아내는
사람들, 이방인이
깔아준 카펫 위로 드러눕기 시작한다
그리고 욕망
마침내 침실은
혼혈아가 떠난 자리를
메우고 있다

육쪽의 귓속말이 되어

나지막한 귓말
귀를 둘러싼 말
귓속말이 언덕을 타고 있다

하루 지나고 나면 백리를 가고
또 천리를 가고

온통 세상을 품은 듯 하다마는

아프기도 다듬기도 하는
하얀 백지, 번개처럼 타 들어간다

귓속말, 한 뭉치
귓불까지 다듬어서 그 언저리까지

선線을 잇고
끈끈이주걱처럼
떨어질 줄 모르는

바위 같은
육쪽이 되어

결혼전야 結婚前夜

분리되는 것 중에
가장 아름다워서
엽록체 짙은 입술
뗄수록 아물어 가네

봄빛에
　　그을리어 온
빛담은 물푸레나무

배불러 없는 듯이
입덧하는 산모 앉아
하얀 물감 천지天地를
풀어놓은 저녁상

흘러내리는 것 중에 가장 아름다운 것

끝없이 타오르는 것
이 또한 없을 줄 알고

여리는
 줄기 하나로
새벽을 깨고 있다

비벌즈 언덕

이야기 꼬리가 내려올 줄 모른다
녹이 쓴 양철지붕
소리 없이 한나절을 지저귀고

단편소설, 몇 년째
이따금씩 수평선 아래로 잠식된다

대교를 통째로 흡입하는 늦은 오후의 햇살
광안의 물결이 마냥 좋아
비벌즈 언덕을 오르면

지중해식 패턴에 익숙한 들판
서향의 얇은 채널에 갇힌
그 짧고도 긴 이야기
자연의 냄새에 익숙한 채
흘러내리고

겨울 끝자락에서

타다 남은 바람의 열정은
마지막 창을 수 놓는다

이미 설파된 곡선에 숨긴 저 비밀의
깊은 나무람을
잊은 듯

뜻 모를 이야기들만이 설치고
벤취에 앉았던 주인공의
진한 화장기

눈물이 글썽인다
체온을 남긴 잔잔한 숨결
회색빛 줄무늬는
체증을 내리는
마지막 배달꾼이 되어

국경의 언어

익살스런 국경의 언어
산란기를 맞고 씨름 밭이 되었다
덜 익어 넘어지고
너무 익어 물러지고
초록만 붉은만
돛의 날개

밤낮을 쉬지 않고 새들을 쫓는다
하루를 또 쫓고 있는
삼년을 태운 눈빛

고랑마다 숨어든 노을빛
만 평을 태우고도 모자라
못자리 또 일어선다

끌고 다니는 것이 아니라
끌려다니는 표본들
초가을 씨름놀이

사과 몇 상자로 아내를 유혹하는
국경의 언덕에서

나의 에코

반 도시의 후문, 처마 밑의 허기진 놋그릇
쐐기풀로 닦고 있다

명절이면 찾아오는 에코 목소리
결속이여

3부

3월의 고드름

고촌의 겨우살이
절구통이 되어 옷-길마다 스며들었다
숲이 허용한 시간
도포를 따라 움직이던 한씨 여인
아이는 삶의 본질을 벗어나고
각기 다른 소매
굴레가 만든 그런 삶,
옆집 되어 이사를 가고
아들은 처음부터 이사를 가고
냉정은 발아된 채로
추녀 끝에 매달린 묵은 집 한 칸
몇십 년을 살아온 더부살이
그들의 세계
숭고미崇高美였다고

와우산 봄빛에 젖다

와우산 언덕 붉은 입술을 통째로 막아서고는
연녹색의 속옷 차림으로

줄줄이 한숨을 걷어차는 노란 병아리

봄날에 취한
마지막 분홍 치마폭을 걷는다

매연의 채색질 시작되고
외벽에 걸터앉은
진달래
이른 날을 깨우는 듯
가녀린 쪽대 하나 숲을 헤친다
담장 벽을 허문다
먼저 내린 노란 부리
뒷걸음질에
쪼르르 곡도曲道로
불려나가다

섶의 노래

파도에 밀려온 입담을
몇 시간 째 실어나르는 강기슭
지나가는 발자국들이 모여든다
햇살을 파헤치면
주절거렸던 삶의 터전들
순식간에 끌려 나온다
미처 산화하지 못한 녹색 짙은 우직한 몰이

들이 일어선다
풀씨들이 깎이고 있다
콧속을 후비며 쳐들어온다
조각나고 있다
들쳐업은 향기 강 위 쪽으로 올라가니
물고기도 따라 오른다
고니 한 마리, 요염한 자세로
한 발 가지런히 모우고
물가에서 누구를 기다릴까,
팔딱거리는 숨결
인기척도 외면한다

반쪽이

무심히 지나가던 시장길
늦은 아침을 본다
발자국이 움직일 때마다
손길도 덩달아 움직인다
사람들의 입가심에
오르내리는 반쪽 패인 고구마
검정 버섯 두리뭉실
저 잘못은 아닌데
손목 굽은 죄, 발톱 까인 죄
먹어 보면 같은 맛
삶의 이력들이
소쿠리 속에 담겨 있다
또 누군가를 기다려야 하는
반쪽이,
펜데믹*의 난민처럼

*코로나19로 인한 전지역에 퍼진 현상

오대산을 가다

행선의 끝자락 할 말은 있으나
못다 한 사하라의 밤
붉은 자리 깔고 눕는다
젊음이 간 길
그 길을 걸어가고 있네
어찌 이토록 야위어져
창문마다 고이 잠들었나
꺼질세라
이름 하나 명예로이
불끈 쥐고는
빈방 사슬 골마다 푸른 혼맥魂脈
월정 앞마당 종소리
꼬리 내린 오만五萬의 들녘
그 숨결
잿빛 한 웅큼 훔치는
뉘 있으랴

족보

베란다에 걸린 폭염
들어왔다 나갔다
세상과 타협하고 있다

마치 쳐내지 못한 나뭇가지
몸을 사리고
별 몇 마리
끈질긴 삶 안락하기도
불안하기도 하여

며칠 전 심한 물줄기에 불안했을까

윙윙 보호막을 치는 벌처럼
이씨 문적의
누런 족보
나이테가 선명하다

날마다 월세

풍선처럼 탱탱한
환희에 싸인 움막의 무게
화장기 짙은 익숙한
사거리
어디쯤이라 알 수 없어도
또 하루를 삼킨다
차단기가 내려가면
섬이 닫힌다
알 수 없는 손짓
불러세우기를 반복하는
정념의 산실
그들이 만든 변주곡에
새벽은 오고…

해면海面의 네트워크
−network of the sea surface

등살까지 퍼 주는 모자이크
물살을 대여한다
5월은 산란기
모래톱은 탑승을 원하고
호수 위의 햇살처럼 떨고 있다
통제국의 질서를 피해 다니는
눈치채지 못한 팔삭둥이
하얀 적삼 들썩이며
소리 내어 달려온다
아무도 고용하지 않는 새벽
고독만이 남아
자유를 외치고 있다
통념에 구속된 함몰된 부리
seaside, 아직도 모래 숲에서
숨 겨루기를 하다

샛길이 되어

총알처럼 움직이고 분화하는
나와 다른 눈짓들
모퉁이마다 설쳐댄다
숨바꼭질을 한다
한 뼘의 호흡
한 줄의 생각과 감성은
예기치 못한 길이 되기도 하여
가끔은 예기된 길이라고
이탈된 굳은 몸짓들로
살아남을 것이라고
탈출구마다
버벅거리기도 하지만
어차피 그 길은
샛길이 되고 만다

죽도시장의 푸른 눈

컬컬한 목소리 시장길에 앉는다
한 움큼 끓여낸 뚝배기마다
만조의 푸른빛
태열胎熱로 가득하고
발길 재촉하는 회초리
숨죽인 하루가 지나간다
곳곳마다 번지는 불길
사람들의 입담이 시작되는 곳
죽도시장, 한판의 놀이터
놀음이 시작된다
은색의 미녀
갖은 양념 버무리어
포도청을 넘나드는 푸른 눈동자
막걸리 한 모금 물고
물 건너 비릿한 소문을
매질한다

추억 콜라보

유행에 묻힌 시간을 분해한다
수술대에 올랐다
변론의 무게를 측정하며
장롱을 파헤친다
눈과 손, 가위와 줄자가 협업한다
허리 부분을 자르고
손목으로 배를 후려친다
베어진 살점이 안쓰럽다
어느새 입김이 채워지며
동서로 가는 길을 막고 선다
흐드득 바람이 지나가고
통로는 입을 연다
인기를 독차지하는 팝업 스토아
3일간의 경쟁심
캐릭터 주문이 쇄도하다

감국甘菊 웨딩

고개를 돌려봐요
여기 앉아 있어요

그 이야기 들려줄게요

바람이 쉬어가는 골동품 의자
가쁜 숨 내려놓아요

노란 잎이 웃고 있어요

이젠 알 것 같아요
망설이는 빨간 운동화
고슴도치 코털
웃기지 않으신가요

여기 앉아 이름 석 자 불러보아요

솔바람 속삭이며
나만큼 그대 웃음을

피울 수 있을까요

일주일이 지나면 탈곡하거든요

그때 집집마다 부쳐 주세요
한 몸 나눌 수 있어요

포구

새벽은 어디까지인지
스물일곱 태열까지 붙들고

장기 자랑 끝없는 노래 타령
간밤의 멸치떼
곡기를 끊은 채 주인을 기다린다

끝없이 달리던 수평선
표지마다 일렁이고

한구석 움츠린 빈 배
계선주에 매어둔 노끈만이
긴 목을 드리운다

새벽을 어디까지 끌고 다닐지
곡절을 물으며

배꼽식탁, 벌떼들의 전쟁

좁은 골목길 다락방에 숨어든
벌떼들이 집을 짓고 있다
썩은 몸체마다
족보가 하나둘씩 만들어지고
노려본 검은 쓰나미
들개가 개척한 야간 통로였지
새벽을 알리고
한낮 태양에 알리고
물소리 길들여진 날
무너진 족보를 세우고 있었지
도로변 하얀 꽃들이 피어 있는
초소 옆 둥지를 틀고
부나비가 되어
식탁에 앉는다

등대 백의호

사랑을 훔치며 숲길을 간다
숲길에 숨은 노래
스무 살 연인들처럼

토닥토닥 채워진 뿌리마다
망부석이 자란다
숨은 사연 누운 채

아비는 어미를 부르고
어미는 아비를 부르고
스무 살이 된 채로

침엽수 한끝의 잔상마저 몰아내어
등 벽에 남은 애절한 눈매
상처를 보듬는다

벗 되어 연인 되어
오가는 탑승객들

자릿세 품절된

울기 등대호를 타고

봄을 서리하는 여자들

해안가에 풀어놓은
은색의 멸치 뙤약볕을 숨긴다
채색된 캔버스마다
행인들의 발걸음을 가두는
저만의 뜰
김씨네 딸들은
익숙하듯
봄빛을 선별하고
채반이 구를 때마다
서리하는 손길
덥석덥석
입질은 시붕시붕
한낮이 서럽다

행복 맵map

가만히 가슴을
울먹이는 것이 있습니다
색감조차 알지 못하여
아무나 붙잡고 묻기도 합니다
잡힐 듯하나
놓아버리고 마는
뭉클뭉클 솟아오르는
작은 속삭임
남용하면 사라지고
탈선하면 넘어지는
살금살금
꼬리 흔드는 절대적 고요
응집된 도가니 속에
앉아 있다가
어제는 살포시
가슴을 뚫고 나왔습니다

소나무가 있는 겨울 창가에

얇은 커튼 사이로 끝없이 일고 있는
그리움
언젠가는 돌아가야 한다는 집념

가을은 떠나가고
빛바랜 파도가 넘실대는 빈 교실
H 골동품의 청바지만 홀로 서다

까만 눈동자 곱슬머리
교실 한 모퉁이를 서성이고

국경 속에서 다시 깃발을 올려야 하는
파렡* 속 의 난민 향수

지중해,
눈물 젖은 언어가 뚜벅거리고 있음을

*물감 파렡를 얼굴용으로 사용하는 색조화장품이라고 생각함

파도 독백을 듣다

까닭 없는 동침
팔월이면 더욱 깊어지고

육중한 몸 계곡마다 통곡 소리

조각조각 흩어지어
하얀 거품 느린 몸짓으로

안심해도 돼
'나 이제 돌아가야 해'

60y 열정

소리 없이 오르고 분별없이
튀어 오른다

또 하루를 내려놓아야 한다

군번을 기다리고
난소공을 제어해야 하는
여름날의 햇살처럼 이글거리는
별난 곡예

잡으려다 놓치고
또 달아나는 자전축

벗기면 벗길수록 우러나오는
진한 향기
기지국基地局을 만들다

굴레

수숫대 거름 길마다
고운 물살 흐르면
한 삽 주렁주렁 춤을 춘다
대봉 감나무 움막 따라 소리 엮는 밤
사이 틈 비집고 자라나는
할비·할미의 손길
고사리손이 열렸네
없는 듯 있는 듯
은행잎마저 수줍은 까닭
꼭지 따로 잎 따로
분별 있어 분별없지만
인적 드문 무수밭처럼
들쑥날쑥은 말아야지
대를 이은 손밭
언제쯤 돌아오려나

화원花園의 무게 21y

바람 소리 들녘에
그치지 않아
뜰의 꽃
온몸으로 꽃을 피웠지

검은가시잎벌레
침엽수로 맞불 놓아
밤낮으로 뽑아내는
백의의 천사

얼룩진 옷깃
장벽을 무너뜨리고
잡풀을 잘라내는
이름 모를 꽃
침대 비스듬히
거울로 앉아 있네

물푸레나무

흰 고무신, 반평생을 신었지
결혼식 끝나면 얌전히 장롱 위 얹혀진 채로

나들이 갈 때마다 신었던
뒤축 트인 구두 반평생을 신었지

그 이름 나란하여 물푸레나무 되었네

뚝담은 낮아지고
달빛은 엉거주춤 담벽으로
오신다는 기별일까

뒤축이 앞축이 되어
키 높이 재던 네 살배기 엉덩이
어디쯤 가고 있을까

4부

봄 바다

울림이 있었는데 깨달음이 없었지
생각 없이 또 하루가 지나고
몇 날이 계속되니
봄이 왔다는 소리를 들었는데
미처 느끼지 못했지
이야기,
늦은 시간에는 침통한 표정을 짓기도 하지
이 모든 것들은 일상을 표절하고
어쩌면 한 번도 생각하지 못한 일들을
새롭게 만들어 내는 기대감?
한참 동안의 씨름 끝에 덤이 된
순식간의 정보들
단칸방을 흡수하며 물밀 듯이 밀려오는 것
온 동네로 퍼 나르다

가을, 쓸쓸함이

벗이여
그대 하루를 빌렸으면 하네
산너머 손짓하는 메아리 되어
가파른 길 올라가다
뒤돌아보고

그대 빈자리를 빌렸으면 하네

벗이여
가을, 소리 없이 가버리는
네 소식으로
긴 자루 목을 쳐들고
행여 바람길 몰고 오면
시간 여행길에
소식 간간이 알려주오

나의 계절은 그대 후, 순환의 진폭을
서서히 잡고저

고독 그

쓸쓸함을 묶어 두었네

둥지새가 되다

아이처럼 좋아라
해맑은 얼굴, 몰라서 좋아라
알면서 모르면 더욱 좋았을 것을
온통 제 것인양 순백의 얼굴
포항, 그곳에는
동심으로 다져진
오십 년지기 김 씨 부부
양망養望하니
걱정이 걱정으로
무정하게 쉼을 쉬라고 하여
생각마저 쉬게 했을까,
천직의 굳은 신념
자랑스러운 포철 향기 머금고
3교대 부족하여
하루를 채우고 하루를 팔며
고향길 십 리
직장 따라 아득히도
멀어진 길, 임랑 백사장
두고 온 바람길은 고독만 늘어 가네

기업을 지킨 것이 아니라
사람을 지켰다는
그 사념思念으로
둥지새 날아다오

오일장의 그림상자

장날마다 열리는 전시회
알지 못하는 이름들로 빼곡하다
질펀거리고 있는
중인의 장터 첫눈이 내리고
좌판대에 앉은 시장기
배꼽띠 앓는다
발가락이 닮은 푸성귀
대를 이어 늘어지고
친한 벗들의 수다는
저울질을 당하고 있다

수영역 환승역에서 1

뗏목은 옅은 땟물 자국으로
가끔씩 호수에 빠지는 아마존의 물살로
그 깊이를 모른다

늦은 시간, 한 자국의 물빛을 얻는
길 위 통제국의 질서
아직도 뗏목을 운반 중인
자투리 땅, 몇 날에 가두어지고
갓 풀어놓은 숨가쁜 보따리
어설픈 향기 뭇매를 맞는다

곤돌라 크루즈호를 타고
−포항에서

형형색색의 옷을 입은 사람들
무슨 말인지 알아들을 수가 없다
4−5명의 관광객들

아비와 아들이 퉁기는 기타 소리
'돌아오라 소렌토로' 열창한다
나는 호주머니를 뒤적인다
열창하는 몫, 달러가 없었다
천 원짜리 지폐 한 장을 꺼낸다

'영일만 친구'가 생각났다
'바닷가에서 오두막집을 짓는 친구…'
입김이 퍼져나갈 때
우뚝 솟은 건물들이 나에게로 다가왔다
이끼 낀 이층 집, 부싯돌은
너울거리고
− − −

베니스의 늙은 물결이었다

말을 하는데 아는 사람이 없었다
순간 화면이 닫히고
물살은 어딘가로 떠가고
철의 날개가 보이더니
파도가 창을 닫았다
얕은 잠의 몸짓
관광객들이 다시 모여들었다

우정은 회귀선을 타고

완숙기를 지난
머리 히끗한 단발머리 소녀들
해운의 발코니에 앉았습니다
케이크는 온쪽
둘이서 반쪽을 먹습니다
반쪽인 친구, 온쪽을 먹습니다
환경이 다른 이야기들
합석을 합니다
목적을 잃은 이야기의 궁합
반쪽 온쪽으로 채워집니다
물결이 잔잔하고
입담은 난파선이 되니
동백의 바람은 해녀들의 쉼터에
머물고 있습니다

물파스

통증을 달래 준다
밤마다 찾는다
피부 깊숙이 스며들어 동침한다
쏟아져 나오는 에너지
토기 속 갖은 양념들
흔들면 흔들수록
짜릿해!
쏘
아
친해지는 숨결
온몸을 촉촉이 애무한다
붉어지고
밀고 당기는 스킨쉽
몸살끼
입술 터지는 날이 많아지고
톡 쏘는 향기
빈 몸둥아리 드디어
이별을 고하다

빌딩 숲 흑백사진

낱장씩 복사판이 타작된다
발걸음이 분주하다
언어와 재치는 파도 풀장을 넘나들고
벽면에 걸려 있는 시계탑
일기장이 된다
질서 정연하게 움직이는 오십 페이지
커팅을 한다
빌딩의 창을 내리고 있는
날렵한 손목의 파이어
며칠째 첨삭지도를 받으며
한 평 남짓한 평상을
분해하기 시작한다

흙의 꽃

꽃이 지고 있다
흙으로 지고 있다
한 송이 불꽃처럼 타오르는
홀로 타는 숨결
폭풍처럼 퍼붓고 있다
심연에 남아
떠나고도 떠나지 않은
정제되지 않은 시간
선로의 밤은 너무 길다
어머니라는 긴 끈
인연 속의 인연으로 핀 붉은 꽃
오직 단 한 번
목젖으로 피는 꽃이여

7월의 폭설

몸무게가 부풀어 오른다
이유 없이 체온이 올라간다

식단 손질에 열변하는
열띤 토론
초점 잃은 변론들이 난무하다

원탁마다 앉은 짧은 말들
날렵한 입술에 끼어들고

무명의 언론은
7월 무더운 날, 옷걸이를 감별하느라
시간 가는 줄 모른다

호미질에 바쁜 분별없는 허기
몸무게만 탓하고

푸아그라

화려한 불빛 속에서
마지막 시간을 태우는 Swan Lake
유희에 길들여진
평범하지 않은 삶
갈색빛의 은은한 향기에 취하여
쏘아대는 만찬
수없이 움직여서 품어내는
브라운의 짙은 향기
화려한 조명
불빛에 녹아든
귀하지 않아 내동이 친
타자들의 삶
조명 빛이 반사되고 있다

팔삭둥이

무심히 지나가던 좁은 시장길
상처 입은 고구마가 뒤척댄다

검정 버섯 두리뭉실
너 잘못은 아니야
굽은 죄목, 먹어보면 같은 맛
삶의 이력들이
소쿠리 속에서 탈출하려고 한다

발자국이 움직일 때마다
자리를 옮겨다니는 구멍난 욕구
손목을 끌어당기고

늦은 아침
또 누군가를 기다려야 하는 반쪽이
황토밭의 극찬 예우에도
마다하고
삶이 출렁인다

킬링타임

잠깐만이라도 놓는다
잠깐만이라도 꼿꼿하게 세운다
무척 헤매다가 걸렸지
갈수록 옅어지는 무게
이따금씩 노 저어 오는 기억
책장을 넘겨 보지만 줄거리는 기억되지 않고
손으로 쿵쿵 눌러 보아도
감각은 전무 상태
마침내 신선한 공기가
입속으로 들어오기 시작한다
온몸이 흔들리면서 색감이 퍼진다
기억할 수 있는 공간에서
제 도구라는 것을 외치는
이 고요함의 절정

고립의 풍요

잊어버린 이름들을 기억한다는 것은
다시 머물러야 한다는 것

생명은 가득한 물길로 빠져들어
야망을 꿈꾸는 야노시스처럼

비바람에 돛을 다는 놋새처럼
풍랑을 헤집고 떠나다가
채울수록 가벼워지는 것을

눈을 아름답게 하고
입을 움직이게 하여 숨을 쉬게 한다

아무것도 없는 곳에서
아무것도 없이 또 무리의 군락이 되어
홀로 말없이 피어나
능성을 지키고 들을 지켜낸
인간애를 녹이면서

오후을 재단하다

가위와 자 녹색의 끈
더운 날을 리폼한다
한 치 망설임도 없이
추운날을 리폼한다
회자의 길목은 어디 쯤일까
오래된 치마
줄자를 대고 선을 긋는다
하얀 분필 어깨끈을 싹둑거리고
어깨끈을 붙인다
장농 속 절룩거리는
이야기들
불티나게 팔리고 있다

낙엽, 가을목에서

가을이 내려앉았습니다
제각기 다른 표정들입니다
수많은 언어들과 절교한 까닭입니다
황금빛의 사랑
앓은 모습이 역력합니다
강가 또는 어느 골짜기에서
화폭으로 남을 것입니다
언 땅을 덮을 적삼
하나둘 쌓여 갈 것입니다
냇가에서는
삭혀진 잎들로 계곡을 메울 것입니다

할미꽃 애마

밭둑을 끌고 와서 펼쳐놓고 있다
목 긴 몇몇 얼굴들
창문 열고 들어온다
수줍음이 유치원생처럼
우수수 떨어진다
형형색색 물감들이 수를 놓는
6-3반 교실
마지막 물감은 첫사랑을 덧칠하고
하얗게 때론 회색의 사색
기억 속으로 빠져든다
퇴직을 기다리는
야망의 불꽃 드디어
애마가 되다

관계의 중요성

우리는 많은 관계 속에서 살아간다 사랑하면서 미워하기도 하고 정을 나누고 헤어지기도 하여 '부모와 자녀'라는 작은 집단에서 시작하여 이웃과 단체, 직장으로 연결되어 많은 어려움과 갈등 속에서 성장하고 얻은 대가에 만족한다 관계의 중요성에 관한 것 중에 '다른 사람의 단점을 말하지 말며, 자신을 자랑하지 말라'는 평범한 진리가 있다 모래 사장을 지키며 서 있는 한 그루의 소나무를 보라 소나무는 자신을 둘러싼 수많은 발자국 소리에 반응했을 것이다 새들의 보금자리 역할도 했을 것이다 빨갛게 물들어 굳게 뭉친 근육, 굳건히 매달려 있는 솔방울들을 보면서 언제쯤 저 솔방울들이 땅 위에 떨어질까를 생각하며 바람을 몰고 오기도 했을 것이다 저만의 화첩에 수 놓을 날들을 기다리면서 말이다

불두화

범접할 수 없는 몸
대웅전 숫돌 곱스레 앉았다
운서산 자락마다
자작자작 피어나는
흰색의 불도 세계
문턱에 선 곡절
차마 들이지 못한 이름
새벽을 가누며
앉은 이름
대웅전 숫돌 줄줄이
여여하다

거울 뉴런

치솔질을 하다가 거울 세포를 본다
거품을 물고 있다
똑같이 생긴 아이 하나
온갖 표정을 짓는다
질문이 이어진다

'왜, 내가 거기 있는 거야
내가 네 속으로 들 어 가 고 싶 다 고
한 거야,'

입을 벌렸다가 오므렸다가
거품이 흘러내린다
노예가 된 거울
아이를 따라 다니며
4살의 언어로 마주한다

터진 현줄 옆에 기대선
오래된 DNA, 건반 위에 앉아
'쪽빛 하늘'을 본다

반쯤 벗겨지고
반쯤은 낡은 이삿짐
창을 열고 있다

마음의 글

문학 공간, 문학과 단추

 살아갈수록 고맙게 생각하는 부분 중의 하나는 어머니가 주신 문학의 끼다. 나는 어릴 때부터 어머니의 시조 외우시는 모습을 자주 보아 왔다. 어머니는 교과서에 실리는 시조까지 외우시고는 작가와 배경을 설명해 주시곤 했다. 특히 '숙향전'고전소설을 생활에 활용하여 일깨워 주셨던 부분이 기억에 남아 있다. 잔치와 모임이 있는 날이면 노래 대신 시조와 창으로 주변 사람들에게 재미와 흥미를 주셨기 때문이다.
 신혼 시절은 아버지의 직장생활로 떨어져 있어야 했으므로 어머니의 글솜씨로 인해 아버지의 마음을 울먹이게까지 했다는 말을 후일 들어서 안 일이다. 필자 역시 알게 모르게 접하다 보니 자연스럽게 시조를 알았고 등단까지 해서 기쁘

기 짝이 없다.

 폭염 가운데 코로나가 재확산되고 있다. 요즘처럼 유행이라는 단어가 급하게 물줄기를 타고 흐르는 적은 별로 없었다. 코로나로 인한 방콕이 늘어나면서 바다와 들에서 일하던 사람들의 목소리를 떠올리는 것이 습관이 된 요즘, 고향의 소식과 목소리가 그립다. 자연과 했던 소중한 경험은 자라면서 노동과 일의 가치를 알게 해 주었고, 황소가 들락거리던 소 우리와 소를 먹이고 쇠꼴을 베다 나르고 소죽을 끓이던 강원도 토박이, 젊은 친구의 야망이 어느덧 수채화처럼 그려진다.

 우리 집의 또 다른 별채에 기거했던 소년, 필자의 나이 대여섯 살이 되었을까? 그는 나를 데리고 산과 밭에 나가는 기회를 종종 만들었다. 내가 어머니의 눈을 피해 쫄랑쫄랑 따라나섰다는 표현이 더 맞을는지도 모른다. 어느 날에는 황소싸움을 시켜서 소의 한쪽 뿔이 상처를 입기도 하는가 하면, 소를 소나무에 매워 놓고 낮잠을 자기도 했던 그였다. 집에 가서 부모님에게 이야기하지 말라고 밀 보리를 꺾어 불에 그을려

주기도 했지.

 꿈을 심어주고 푸르렀던 공간이 비단 들녘만이 아니다. 평온하면서도 힘을 발산하며 욕망을 제어하던 바다, 원치 않아도 사람들의 삶에 깊숙이 관여했던 나의 바다는 해운대 바다를 잇고 있다. 지혜를 주고 사람들이 살아가는 섬, 늘 바다를 닮은 포용하는 넓은 세계를 동경했는지 모른다.

 기차통학은 재미있던 생활로 기억된다. 파도소리에 잠을 깨면서 시작된 하루, 지금 생각해보면 아침 일찍 잠을 깨서 저녁 늦게 집으로 돌아오던 그 시간이 왜 그렇게 즐거웠는지 알 수가 없다. 기차 속에서 만난 사람들과의 관계 역시 문학적 모티브가 되었다고나 할까, 시대와 시대를 넘나드는 다양한 직업들을 가진 기차 칸은 내가 성장하는 디딤돌이었다. 기차를 타기 위해 새벽길을 걸어야 했던 산길, 도시락을 싸기 위해 모락모락 연기를 피워올린 어머니의 정성, 긴 장독에 나란히 놓여 있던 반질거리던 장독들, 모두가 글의 소재에 부족함이 없었다.

 좌천강을 건너야 했기에 책가방 속에는 항상

수건이 있었다. 지금은 강폭이 좁아졌지만, 그때만 해도 강폭이 넓고 비가 오면, 대 홍수가 날 정도로 강물이 넘쳐 흘렀다. 아침에 일어나 얼굴을 닦는 수건을 보면서 그날 강을 건너서 감싸던 발을 떠올리기도 한다. 깃대를 흔들며 몇 초라도 기다려 준 역무원 아저씨, 비발디의 '사계'처럼 기차와 함께 한 4계절은 그야말로 문학적 사유를 끌어내고 있었다.

요즘 나는 흙과 노는 재미에 흠뻑 빠져 있다. 시부모님으로부터 물려받은 터에 과실나무를 심었기 때문이다. 생명의 씨앗, 올라오는 싹을 보면서 삶의 모든 것은 사회적 순환이라는 것을 새삼 느낀다. 지나가는 길목에는 좌천 역전을 지키던 소라 다방의 추억이 있다. 사람들이 만나고 헤어지는 유일한 공간이었다. 이제 그 자취마저 문화가 앗아가고 허전한 발길만이 머무른다. 개찰구가 아닌, 임낭이나 강을 넘어 바닷가 마을로 가곤 했던 사잇길이 또 다른 길을 만들고 있는 자리, 그날의 능성의 배꽃과 찔레꽃의 향내가 문득문득 올라온다.

그때는 '여학생'이라는 잡지가 있었다. 오직 학생들을 위한 유일한 읽을거리로써 친구들과 돌려 가며 읽었던 기억 속에는 입학과 졸업에 관한 이야기와 유명 작가에 대한 작품의 소개 및 가끔은 시인들의 시를 실을 때도 있었다. 어린 표지 모델이 참으로 예뻐서 부러울 때도 있었다. 학원사에서 창간한 '女苑'이라는 잡지 또한 일상생활의 글을 실어 보내기도 했던 날, 어쩜 나의 수필은 그 속에서 성장하고 있었는지 모른다. 친구 집을 방문하여 책장에 꽂혀 있던 몽테뉴의 수상록을 빌려서 밤새 읽었던 고등학교 시절 또한 나를 문학의 소녀로 키우고 있었다. 시를 발표하고 구덕산 자락의 낙엽을 긁어모아 몇 자루씩 옮긴 교실 바닥과 시화전, 쌓여진 가을날의 낙엽처럼 삶과 그리움에 대한 여유가 생기기 시작했지.

토요일 오후를 기다리던 좌천 원리 마을, 나의 첫 詩句가 숨어 있는 자리이다. 포도가 익어 가는 계절과 꿈과 낭만이 있었지. 포도송이가 빽빽이 늘어지고 드문드문 보이는 파란 하늘을 보며 일제 강점기의 원리 마을의 전설을 읊어 내곤 했지. 이육사의 '청포도'에 취하여 한 줄의 시를 토

해 내기도 하면서 말이다. 이런 문학적 기질이 끊어낼 수 없는 관계로 이어져 결혼 초에는 일 때문에 떨어져 있었던 남편의 글을 모아 詩 액자를 만들기도 했다. 돌이켜보면 지금 나의 문학은 문학이라는 텍스트가 함의하는 모든 경험과 환경의 산물이 아닌가 싶다.

몇 년 전부터 나는 또한 인문학이란 단어에 매혹을 느끼면서 人文의 소용돌이에 말려들었다. 인류와 문화, 사람과 사람들의 관계를 이해하고 그들의 생각과 행동, 그 시대를 읽고 미래를 알 수 있는 상상력을 일깨워 주기 때문이다. 문학적 사유는 점점 자라나서 직업을 다듬고 있었다.

어느 날에는 파도처럼 감동의 물결이 확 올라와서 詩로 표출되어 내 삶의 일부가 되기도 하며, 어려움이 있으면 그냥 지나칠 수 없어 더 깊숙이 들어가서 함께 하는 일상이 되기도 하면서 말이다.

다듬이처럼 빳빳하게 내려친 다음에야 문학이 제대로 자리매김을 하듯, 나의 문학 또한 그림자로 담아내던 어느 날이었다. 인생의 멘토가 되어

나를 키우듯이 황순원의 단편소설인 '소나기'에서 시골 소년과 도시 소녀의 순수한 모습을 꺼낸다. 개울가와 논, 원두막과 들판 속에서 중학교 자유학기제 어느 소녀의 문학적 모티브를 건져 올리고는 나의 문학을 찾아내는 젊은 날의 나를 발견하다.

- 2021년 《기장문학》 게제

빛남시선 156

나는 아직도 어설픈 동거인이다

초판인쇄 | 2024년 8월 25일
초판발행 | 2024년 8월 30일
지 은 이 | 정혜국
펴 낸 곳 | 빛남출판사
등록번호 | 제 2013-000008호
주   소 | 부산시 사하구 감천로21번길 54-6
            T.(051)441-7114   **E-mail.**wmhyun@hanmail.net

ISBN 979-11-94030-05-8 (03810)

값 13,000원.

* 본 사업은 2024년 부산광역시, 부산문화재단 〈부산문화예술지원사업〉으로 지원을 받았습니다.